精神科医Tomyが教える

1秒で元気が湧(わ)き出る言葉

精神科医Tomy

ダイヤモンド社

はじめに

アテクシ、精神科医Ｔｏｍｙと申します。ゲイで精神科医でなおかつコラムニストでもあります。

アテクシが毎日ツイートしている〝生きるヒント〟をまとめた「精神科医Ｔｏｍｙが教える１秒で〜」シリーズも、本書で第４作目となりました。

今回は「元気が湧き出る」をテーマにしています。

アテクシたちの人生は楽しいことばかりではありません。山もあれば谷もあります。何か悪いことをしたわけでもないのに、嫌なことや不安なことが続いてしまうこともあります。

アテクシ自身にも、そんな苦しい時期がありました。30代のときがそうです。アテクシのことを愛情深く見守ってくれていた父が急逝。その喪失感からやっ

と立ち直ったかと思ったら、今度は7年半も連れ添った愛するパートナーがこの世を去りました。

その後、アテクシは精神科医でありながら、うつ病を経験したのです。

そんな中、アテクシはどんなときでも元気が出るように、自分自身にいろいろな言葉を聞かせました。一般的によく言われるような元気づける言葉も、本当に辛いときには効果がなかったり、追い込まれたりすることを実体験したのです。

気分がすぐれないときは言葉を少し変えてみたり、まったく違ったアプローチから新たな言葉を生み出したりしました。

精神科医としての知識と経験、自分自身が辛かったときの体験……本書はこれらの結晶が詰め込まれています。人間というのは、ちょっとした短い言葉でも、エネルギーが湧いてくるものなのです。

さあ、アナタにも元気をお分けしましょう。1日1ページだけでも開けば、言葉の力が感じとれて生きるヒントが得られるはずです。

Contents

幸せの秘訣は単純になることよ

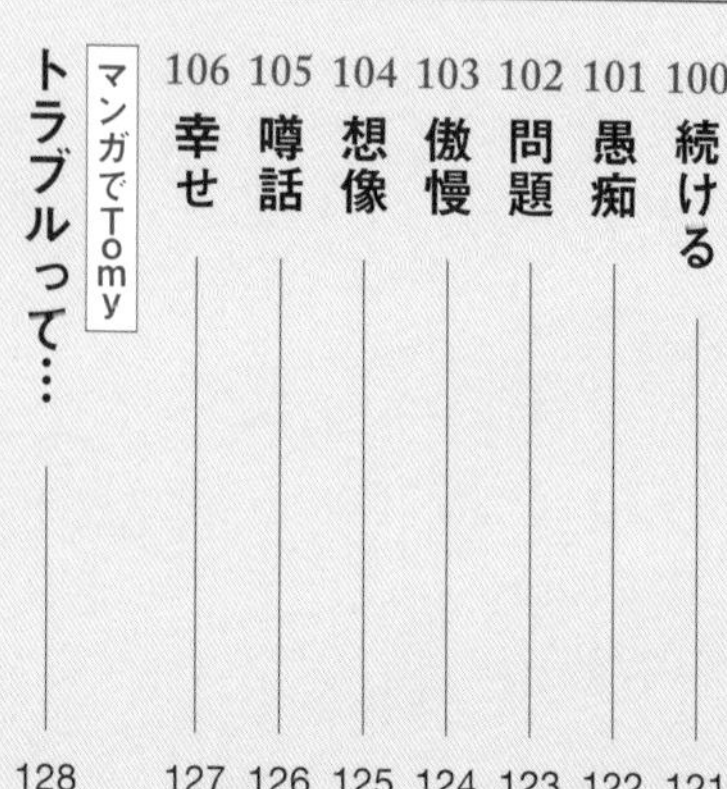

Chapter 3 たいていのことはね気にし過ぎよ

Chapter 4 厳しい言葉より優しい言葉

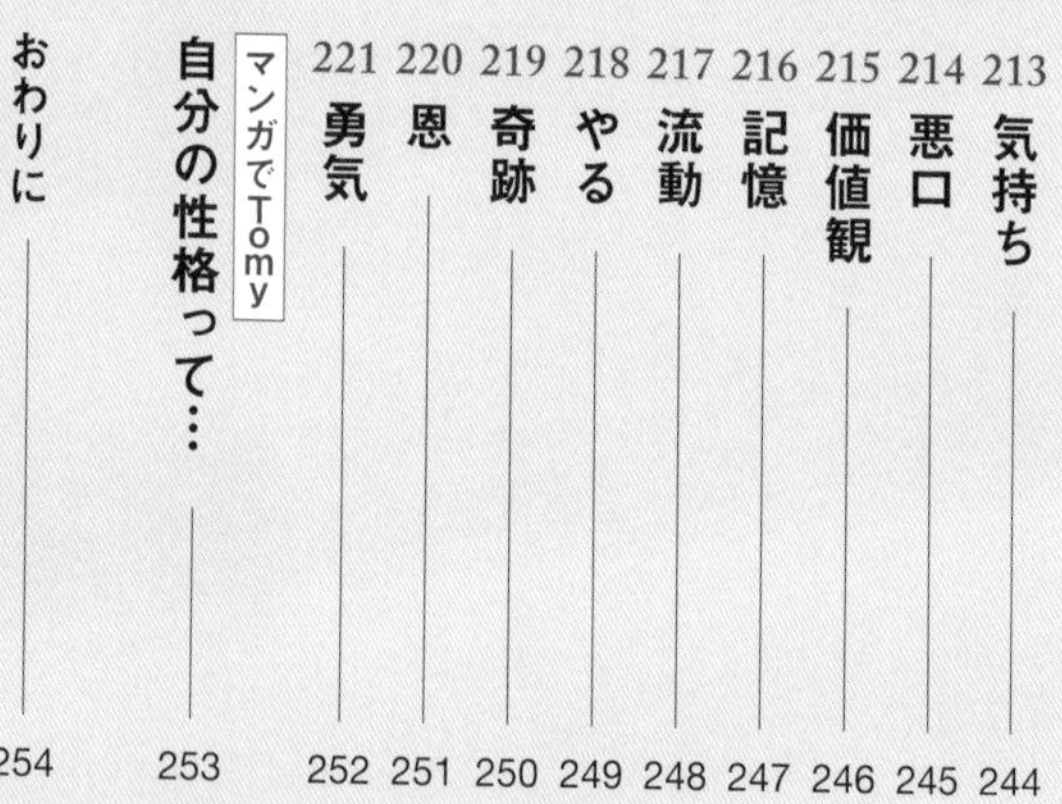

Chapter 1

元気は出すものよ

001

元気

「元気が出ない」なんて言わないで。
元気は出すものよ。

それこそ空元気でもいいから。
「元気出そう！」って思うだけでもいいの。

002

ラッキー

自分はラッキー！
と思ってる人のところに
幸運は舞い込むのよ。

こういう人は幸運を見つけるのが上手だから。
根拠なんかいらない。
自分はラッキー！ って思い込みましょ。
そのほうがお得だもの。

003

ない

こんな時代だからこそ、「3ない運動」をおすすめするわ。

やりたくないことは、やら「ない」
関わり合いたくない人とは、関わら「ない」
考えても結果が変わらないものは、考え「ない」
「ない」を大切にすることで、
あるものを大切にできる。

004

役立つ

人を元気づけるのは、
やり方じゃなくて、
アナタの役に立てたら
という気持ち。

005

不満

素晴らしい
パートナーというのは、
不満のない相手じゃないわ。

そんな人、いない。
「不満を伝えられる相手」なのよ。

006

元気

元気を出すっていうことは、気持ちを切り替えることよ。

気持ちは、行動を変えれば切り替わる。
だから「元気がでないから動けない」のではなく、
動いて元気を出す。
顔を洗うでも、掃除するでも、
散歩するでも、何でもいいわ。

007

休み

嫌みを言ったり、
怒りっぽくなったり、
被害者意識が強くなったり、
焦ったり。

自分の嫌な言動がついつい出てしまうときは、
単純に疲れていることが多いわ。
自分を責めすぎず、早めに帰って休みましょ。
人は心身に余裕があって、
初めて素敵な人になれるものよ。

008

幸せ

辛いとき、頑張ってるとき、耐えてるとき。

そんなときはね、将来の幸せ貯金をしてるのよ。ちゃんと幸せになって返ってくるわ。

009

悪口

**悪口は最悪よ。
誰かを傷つけ、自分を貶め、
雰囲気を悪くする。**

なのに、なぜ無くならないか。
悪口って楽しいからよ。
だからこそ言わないよう気をつけなきゃいけない。
一切言わない。一切相手にしない。
これぐらいでちょうどいい。

010

キャパ

キャパオーバーしたら、
努力して
乗り越えるんじゃないのよ。

やることを減らすのよ。
キャパオーバーは、
努力したってキャパオーバーなんだから。

011

イライラ

小さなことでイライラするときはこう考えましょ。

大きな問題が起きてないから、小さなことが気になるの。

012

友達

友達をつくるコツは、
考えすぎないこと。

会いたいから連絡してみる。

楽しいから一緒にいる。

「そろそろ連絡しなきゃいけないかな」

なんて義務はないから。

013

支え

心の支えになる存在がいるのは、
とても素晴らしいことよ。

でも、その存在以外にも心の支えを作っておいてね。
自分の内側に。
これさえしていれば、
自分はやっていけるというものを。

Tomy's Voice

014

思い出

人生の宿題はたった1つ。

なるべくたくさんの素敵な思い出を作ること。

015

考え方

上手く行けば幸せ、上手く行かなければ何かが変わるチャンス。

そう思っていれば不安も減るわよ。

マンガでTomy
才能って…
あのコは料理が上手
あのコは絵がうまい
私には何の才能もない…
才能を与えられた人がうらやましい…
まって
今からでも得られる才能があるわよ
えっ
何ですか!?
それは「コツコツ続ける才能」
今日、明日、明後日とちょっとだけでもいいから続ける。それをできる人は意外と少ない。
でもやろうと思えば誰だって取り組めるわよ

016

行動

心を穏やかに保つ方法は、ネガティブな感情が出てきたら、ポジティブな感情が出てくる行動をとることね。

たとえば散歩とか、甘いものを食べるとか、好きな本を読むとか、まあ何でもいいのよ。ネガティブな感情が出たら、すぐにやることが大切。極力自分の中に、ネガティブな感情を置かないこと。

017

つき合い

人脈ってねえ、むやみに広げりゃいいってもんでもないわよ。

下心のあるつき合いは結局身にならない。
限りある時間と体力を、
この人に使いたい！
そういう人とだけつながればいいのよ。

018

鵜呑み

**相手をコントロールする人って、
「あなたが悪い」と
思い込ませようとするのよ。**

「あなたが悪い」と言われたら、
鵜呑みにしちゃダメ。
相手がアナタのことを思っているときは、
違う言い方をするわ。

019

原因

誰かに冷たくされると
傷つくわよね。

でもね、アナタに問題があるとは限らないのよ。
半分ぐらいは相手の機嫌や体調が原因だったりする。
一度や二度なら流しましょ。

020

大切

人に大切にされるのは素敵なこと。

大切にされるためには人を大切にしてみるの。
ただし、自分が壊れないようにね。
大切にした人が、大切にしてくれるわけじゃない。
でも一人ぐらいは「大切」を返してくれるわ。
それで充分よ。

021

アドバイス

求めてないのにいただくアドバイスって、たいていマウンティングの一種なのよ。

アドバイスって形だと反論しにくいでしょ。
怒ることもできないでしょ。
こういうアドバイスは
真正面から受け止めなくていい。

022

悪口

**信用していた人に
実は悪口を言われていた、
なんてこともあるわよね。**

でも、信用できない人だって
気がついたんだから良かったじゃない。
これから、その人に心を開かなきゃいいだけよ。

023

褒める

頑張ったときに
褒めてくれる人がいるのは
幸せなことよ。

本当に大変なときは、
誰より頑張っても
誰も褒めてくれなかったりする。
だからこそ、誰かの努力に気づいたら、
うんと褒めてあげましょ。

024

安心感

人間関係を長く続けるのに
一番大切な能力は、
「相手を不愉快にさせない能力」よ。

居心地の良さっていうのは、

「この人は自分を不愉快にさせない」

という安心感なの。

025

イライラ

誰だって疲れていたら
イライラするのよ。

どんなに穏やかな人でもね。
だからイライラして人にきつく当たっちゃったら、
自分を責めたり凹んだりしすぎず、
まずちょっと休んでみたらどうかしら。

026

シーズン

上手く行かないときは、気持ちを切り替える。

気持ちを切り替えるときは、
「私のセカンドシーズン始まります！」って
思えばいいのよ。
悪いことは全部、
過去のシーズンに押しつけちゃいましょ。

027

閉塞感

孤独を感じるときって、一人のときじゃないのよ。

可能性がなくなって、
閉塞感を感じるときなの。
だから一人でいたほうが、
孤独を感じないときもある。

028

睡眠

疲れているのに眠れないときは要注意よ。

普通疲れたらよく眠れる。
でも、精神的な健康が害されると
疲れているのに眠れなくなる。
こうなると不調が不調を呼ぶようになるわ。
やることを減らす、休みを多くするなど
工夫したほうがいいわ。

029

一先

何事も「その先がある」のよ。

良いことばかりも続かないし、
悪いことばかりも続かない。
1つの出来事だけに執着しなくてもいいの。

030

レール

人生にレールなんかないわ。
どこに進んでもいい
「原っぱ」なのよ。

でも、勝手に自分でレールを敷いて、
「脱線した！」って思い込む人もいる。
脱線なんかしてないからね！

031

空気

空気を読み過ぎるとね、
周りから「空気を読んでくれる人」
って期待されて、
言いたいことが
余計言えなくなるの。

ときどき爆弾発言するぐらいでちょうどいいわ。

相談

「今の生活がつまらないです。会社に行って、帰ってくるとぐったりして、家事や食事、風呂に入ったら寝るだけ。会社も他の社員は年がはるかに上で仲良くしている人もいません。休日はゴロゴロするだけ。在宅勤務で人と会えない日もあります。こんな毎日がずっと続くのかと思うとげんなりです」（30代男性）

変化はあえて作りにいくのよ

学生の頃なら、周りに同年代の友達がいるのは当たり前だし、部活動やサークル活動があったり、それでなくても定期的になにかのイベントが発生したりする。でも、これって社会人になると当たり前じゃなくなるのよね。比較的自由な時間があって、同年代の仲間が多くいる学生時代だから成り立つことなのよ。

そのうち仲間たちは、就職して仕事が忙しくなったり、結婚したり、子供を持ったりして、それぞれの道を歩んでいく。そうやって、誰もが年をとるにつれて、学生時代と比べて周りに人がいなくなっていくのよ。だから、アナタだけじゃないの。

じゃあ、楽しそうな人は何をしているかというと、自分から「変化」を作り出しているの。毎日同じような日々で固定化したルーティンとは別に、新しいことにトライする時間を作ってみる。

それが上手くいくかどうか、面白いかどうかは、気にしないようにね。いろいろとトライしているうちに、変化が生まれて、出会いなんかも生まれることが大切なのよ。

トライすることは、なんでもいいの。思いつきでやってみてもいいわ。とにかく、今までとは違うことを始めてみない？　ちょっとした変化を繰り返せば、少しずつ張り合いが出てくるってものよ。

032

無理

嫌われるってことは、「無理して関わらなくてもいい人」だと教えてもらえるようなものよ。

人生、無理して
相性の悪い相手と関わらなくていいの。

033

一暇

やることが無くなるとネガティブになりやすいのよね。

部屋でボーッとしてる時間なんかが危ないのよ。
そういうときは何かを始めるといいわ。
掃除、散歩、ストレッチ、読書。
何でもいいから行動して、意識をそっちに向けるの。

034

充電

上手く物事が進まないときは充電のときだと思えばいいわよ。

じっとゴロゴロしてましょ。そのうち日が差してくるわ。

035

第一印象

結局、人の第一印象って
当たることが多いのよ。

初対面では何も情報がないから、
色眼鏡をかけずに判断できるのね。
実際に交流するようになると、
逆に冷静に相手を見られなくなる。
だから、初対面の印象って、
どこかで覚えておくといいわ。

036

積み重ね

成長ってそんなに必要かしら？

人に迷惑かけないマナーがわかっていれば、
無理やり成長しなくたっていいのよ。
ときが経てば経った分だけ、
勝手に「積み重ね」ができるんだから。

037

一人

一人でいる人より、
一人でいられない人のほうが
寂しいのよ。

一人でいる時間を誰かで埋めようとせず、
まずはそのままを楽しむ。
誰かが加われば、さらに面白い。
それぐらいの感覚が楽よ。

038

当たり前

当たり前のことが
当たり前にできる人って、
実は超優秀なのよ。

それは何より大切な才能で、
しかも自力で確実に得られる才能。
一つひとつ、小さな改善を積み重ねればいいから。

039

上書き

他人の記憶って、
意外と簡単に上書きされるのよ。

つまり、簡単に忘れちゃうものなの。
だから、多少誤解されても、
素知らぬ顔で淡々と過ごしていればいいわ。
説得しようとすると、むしろ記憶が強化されちゃう。

040

執着

何もかも
幸せになりたいと思うと、
不幸せになるのよね。

なぜなら、執着だらけだから。
たった一つでも
「これがあれば、まあいっかー」
ぐらいに思えるのが一番幸せなのよ。

041

嫌い

嫌な人がいるとき、
「嫌い」という気持ちを
持ったままだと
ストレスになるの。

「嫌う気持ち」を手放すといいわ。

「いろんな人がいるからねー」

くらいに思っておくの。

042

幸せ

幸せになるってね、自分の環境を自分に最適化させることなのよ。

自分が心地いいように、
一つずつ試しながら変えていく。
もの凄く大変なことでもないし、
もの凄く運が必要なことでもない。
少しずつ、いつでも変えられるわ。

043

一雨

人生は捨てたものじゃないわ。

ときどき絶望的な気持ちになることもあるでしょう。
でも、それは雨の日に、
これから永遠に雨が降ると思い込むようなものよ。

044

思いやり

思いやりってね、相手の機嫌をとることじゃないの。

それだと相手がワガママになって、
自分がモヤモヤするだけ。
思いやりは、相手の気持ちになって行動すること。
そうすれば、自分がモヤモヤせず、
むしろスッキリするはずよ。

045

不満

感情的なときには不満を言わないことよ。

感情的なときには、思いつくことを全部書き出す。
冷静なときに読み返して、
相手に必要なことを伝える。
じゃないと不満が不満を呼んで、
ただ険悪になるだけ。
険悪になりたいわけじゃないわよね？

046

しない

疲れているときに
頑張って仕事しても
良いものができないのよね。

何もしないのも大事な仕事よ。

047

大事

大事にされることも大事だけど、
大事にするほうがもっと大事よ。

だって「大事にしてくれてるのかな」
と思うと不安だけど、
大事にするときはそんなこと考えなくていい。
あくまで自分の意志だから。

マンガでTomy
ポーッとするって…
ポーッとできるときは
とことんポーッとすればいいの
ポ〜〜
そうなんですか!? 時間があると何かしなきゃって気になっちゃって…
そんなにいつでもポーッとできるわけじゃないんだから…
心乱すものがない喜び、とにかく味わいましょ♥
たしかに!
一瞬でもいいから…ね♥
ポー

Chapter 2

幸せの秘訣は単純になることよ

048

単純

幸せの秘訣は
単純になることよ。

シンプルを通り越して、単純なくらいがいい。
生きるって本当は単純なことだから。

049

生き上手

あんまり先々のこと
考えてもしょうがないのよね。

絶対大丈夫と思うことが上手く行かなかったり、
どうにもならないと思っていたことが、
ひょんなことから解決しちゃったり。
なるようになると思って楽しむこと。
それぐらいが生き上手。

Tomy's Voice

050

諦め

執着しないことと諦めないことの線引きはね、「本当に諦めたくないことかどうか」なのよ。

人生、これだけは諦めたくないということまで手放さなくてもいい。
それが希望だから。
でも、希望を持つには痛みもともなうの。
だから、本当に諦めたくないことだけにしておきなさい。

051

豊かさ

新しい生活様式でも
豊かな生活は送れるわ。

大切な人、家族がいる豊かさ。
美味しいコーヒーをいれる豊かさ。
陽の光を浴びる豊かさ。
心の豊かさはいつでも自分で作れる。
ここにまでウイルスは入ってこられないから。

052

瞬間

幸せな時間というのは、
本当に瞬間的なものなのよ。

長期的なスパンで見ると、
地味な時間や嫌な時間を見つめてしまう。
なぜなら人はネガティブな情報に
敏感にできているから。
今日1日、楽しい瞬間があれば、今日は楽しい日。

Tomy's Voice

053

未来

「未来がない」なんて
落ち込んでいたら、
それがアナタの未来。

「落ち込んでもしょうがない」と、
鼻歌歌いながら散歩に出かけたら、
それもアナタの未来。未来はアナタが作るもの。
少しでも気分よく過ごせるように心がければ、
素敵な未来がやってくるわ。

Tomy's Voice

054

開き直り

誰かとわかりあいたいのなら、「わかりあわなくてもいい」と開き直ることよ。

相手は相手であって、自分の尺度で測らない。

055

喧嘩

人間関係って、
ちょっとした喧嘩(けんか)ぐらいじゃ
影響を受けないのよ。

だから、多少やらかしたぐらいで、
そんなに落ち込まなくていいの。
喧嘩してもつながる人とはつながる。
喧嘩しなくてもつながらない人とはつながらない。

056

大切

自分の大切なものって、当たり前だと思ってると失われていくのよ。

妥協せず守ろうとし続けると、エネルギーがいる。
だからこそ、本当に大切なものは少しでいい。

057

言葉

患者様に評判のいい
２つの言葉をプレゼントするわ。

１つは「ぼちぼち」、
もう１つは「なるようになる」。

058

無理

人間関係を維持するのに、
無理は続かないのよ。

だから、本意じゃなかったらやらなくていいわ。

059

ストレス

自分のストレスに
鈍感な人っているのよね。

そのとき何も思ってなかったのに、
後から気分が悪くなって、ストレスだったと知る。
こういう人はモヤっとしたら、
たいしたことがなくても、
その場から離れるほうがいいわ。
そして、後から「私はこういう状況が苦手かも」と
心に留めておくの。

060

存在

アナタは替えが利かない存在なのよ。

全く同じスペックの人がいたとしても、
それはアナタじゃない。
アナタの穴はアナタにしか埋められない。
それを一番わかっているのは、
意外と自分ではなく周りの誰かだったりする。

061

逆効果

八方美人って、誰にも嫌われたくないと思って八方美人になってるでしょ。

誰にも嫌われたくないという思いが、逆効果になってるかもよ。好きな人とコミュニケーションするだけで、充分好かれるわ。無理して嫌な人に媚(こ)びなくてもいいの。

062

元気

自分の体力を一定に保つ方法は、
元気なときにやれそうなことの
半分しかやらないことよ。

元気だからと精一杯やると、
後で動けなくなるの。
エンジンかけ直さなきゃいけないから、
エネルギーが余分に必要になるのよ。

063

正当化

人間関係で
イライラしやすい人の中には、
自分を正当化するのに
エネルギーを使ってしまう
人がいるわ。

正当化なんてしなくていいの。
自分の考えを述べるだけで充分よ。

064

自己中

**自己中心的な人は、
自分のことを
自己中心的だと思わないの。**

相手のことを自己中心的だと思うの。
そんな人と話し合うことはないわよ。
こういう人だと思って割り切るか、
距離を置くといいわ。

065

誠実

誠実であるべき人に
誠実であればいいの。

マウンティングしてくる人、
攻撃してくる人、
いい加減な人、
こういう人達に誠実である必要はありません。

066

過程

結果を気にするから
不安になるのよ。

過程で得られるものがあればいい。
ビジネスは結果が大事かもしれないけれど、
人生は過程だから。

マンガでTomy
自分の人生って…
アテクシなりに
〝必要な勇気〟をひとつ
定義するとすれば…
「これが自分の
人生だ」と思う
勇気ね
批判も
いらない
アナタ、それは
間違ってる
わよ!?
比較も
いらない
あの人は
あんなにステキ
なのに私は…
たったひとつの
アナタの人生よ
勇気を持って
生きて!!

Tomy's Voice

067

一口

当たり前だと思うことでも口にすることが大事なの。

「わかるでしょ」じゃ伝わらない人もいる。ルールとか、常識とか、愛とか。

068

楽しみ

楽しみにしていても、
面白くない結果に
終わることもあるわ。

でも、楽しみに思っていた時間は
楽しかったわよね。
だから無駄じゃないの。

069

注意

「ねえ、お願いがあるんだけど」って言う人は要注意ね。

お願いってたいてい、相手にしかメリットがないことだから。

070

信用

口だけなら
なんとでも言えるの。

信用できる人は余計なことを言わない。
もう信用できる行動をとってるから、
いちいち言わなくてもいいのよ。

071

文句

世の中ね、
何しても文句を言う人はいるのよ。

気にしてたら何にもできないわ。
自分のやることが
誰か一人にでもプラスになるのなら、
それでいいのよ。

072

吟味

いろいろと自分ができるようになる方法はね、自分がやらなくていいことをやめることよ。

何でも手を出すと、何もできないまま終わっちゃう。できるようになるためには、やることを吟味するの。

073

気持ち

人を支えるのは
能力じゃないの。
相手の力になりたいという気持ち。

気持ちそのものが人を支えるの。

074

相手

相手の気持ちが
よくわからないときは、
考えるのをやめたほうがいいわ。

たいていは相手が何も考えてないときだから。

075

指標

大変な時期の記憶は、意外にも役に立つのよ。

辛いとき「あのときに比べれば幸せだ」と思うことができる。
「自分がここまで耐えられた」という指標だと思えばいいわ。

076

ゆっくり

焦ると足がすくむでしょ。
だから、前に進まない。

それで、さらに焦る。
焦るときは、ゆっくり
やるべきことをやりましょ。
ゆっくりでいいの。
いや、ゆっくりがいいの。

077

願望

だいたいの願望は、
望むのをやめるほうが叶（かな）**うのよ。**

願望はあるけど、
ダメだったらダメでもいいや
くらいの気持ちのほうがいい。
何が何でもと思うと、
不安や緊張で力を発揮できないものよ。

Tomy's Voice

078

事実

失敗しやすい人っていうのは、
自分に都合のいいストーリーを
作り上げてしまう傾向があるの。

淡々と事実を並べること。
ただし、すぐに事実という「点」を
「線」で結びつけないこと。
利害関係のない人に意見を聞いてみること。
これ、大切なことよ。

079

失敗

失敗したくないと思うと、
何もやれずに失敗するの。

失敗上等で取り組むほうが上手くいくわ。
失敗しても学ぶことが多いから、
最終的には上手くいくの。

080

頑張り

人生にはどんなに頑張っても、
どんなに望んでも、
得られないものがあるわ。

でも、それでいいの。
頑張って得られるものもあるんだから。

081

行動

モノのわかった人は、相手の言葉じゃなくて行動を見ているものよ。

だから多少コミュニケーションが苦手でも大丈夫。
行動で信頼されればいいの。
言葉で上手く伝えられなくても、
相手の力になろうとすればいいわ。

082

鈍感

強くなるってね、
鈍感になることよ。

たくましくなる必要なんかないのよ。
前よりちょっと大雑把に、鈍感になればいい。
それを繰り返せば強くなる。

083

近道

何かを乗り越えるということは、
その「何か」を
意識しなくなることよ。

つまり、乗り越えるべきかどうかを気にしなくなる。
だから、最初から乗り越えようとしなくていいし、
そのほうが一番の近道なの。

084

歪み

大きな問題が起きるのは、悪いこととは限らないわ。

それまでの歪(ゆが)みが解消されるときに問題が発生するから、大きく前進しているのかもしれない。物事には必ず両面があるの。良い面もしっかり捉えてあげることが人生を好転させるカギ。

085

想う

幸せは想うことで作れるわ。

過去に起きた良いことだけ想えばいいの。
悪いことは飛ばしちゃいましょ。

086

理由

生きる理由は、
考えても、考えなくてもいいの。

考えないのが辛ければ考える。
考えるのが辛ければそこでやめる。
自分にとって良い頃合いでいいのよ。

相談

「私は本番に弱い性格です。何かを任されると、いつも周到に準備を重ねるのですが、本番が近づいてくるとだんだん気力や意欲がなくなってきてしまいます。そして、当日も消化不良で終わってしまいます。なんとか本番に元気のピークを持って行きたいです」(20代女性)

準備しすぎないことも、時には必要よ

このお悩みは、「頑張らなきゃいけないのに、上手く頑張れない」ということかもしれないわね。

人によっては、石橋を叩いて渡ろうとして、橋を壊してしまうような性格の人もいるから、そんなタイプなのかも。そういう人って、準備しすぎるがあまり、体力も精神力も本番にピークを合わせられないのよ。

「事前の準備は用意周到にたくさんしたほうがいい」という固定観念（思い込み）をいったん捨てて、準備する量や時間を減らしてみたらどうかしら？

もちろん、いきなり半減させる必要はないわ。「これまでだったら、もうちょっとやるよな」というレベルでやめておくの。

そうやって、ちょっとだけ頑張らないようにすると、意外と上手くいくかもしれないわよ。それでも「前よりはいいけど、まだ上手くいっていない気がする」のだとしたら、もうちょっと、さらに準備するのを減らしてみるの。

何かが上手くいかないということは、自分の行動が自分の適性に合っていないのかもしれない。だから、これまでとやり方を少しだけ変えてみるといいわ。そうやって、少しずつ自分の行動を自分に最適化させていくの。

いつでも、「こうあるべきだ！」というアナタ自身の思い込みにとらわれないようにして、そこから別のアプローチをしてみることも大切な視点よ。

087

開き直り

なかなか寝つけない夜は、
「今晩は目をつぶって
たっぷりゴロゴロできるわ！」
と開き直るのもいいわよ。

屁理屈でもいいい、そこはポジティブにね。

088

友人

作ろうと思ってできるのは、
友人じゃなくて「知人」よ。

友人はひょんなことからできるもの。
だから慌てて作ろうとしても上手くいかないし、
友人が少ないからって慌てることもないわ。

089

好かれる

嫌われたほうがいい場面で好かれようとすると、かえって辛くなるわ。

好かれるほうがいいと思い込むと、自分を追い詰めるのよ。

090

期待

自分の理解者なんていなくてもいいのよ。

「あの人は自分の理解者だ」と思うことで、ストレスが増えるかもしれないわ。
相手に期待しすぎるからよ。
理解者かどうかじゃなくて、その人が好きかどうかでいいんじゃない？

091

縁

何かを始めるのに
遅いってことはないわ。
早いってこともない。
始めたいときに始めるのがいい。

これも縁とタイミング。
でも、この縁は自分の気持ちが始まったときよ。

092

可能性

可能性は常に自分が作れるのよ。
方法はたった一つ。

やってみること。
それだけで可能性は広がるわ。

093

後悔

結果が後悔させるんじゃないの。アナタの気持ちが後悔させるの。

全ての結果を受け入れて後悔しないと決めれば、後悔はしないわ。

094

親切

過度な親切にはご用心よ。
本当に親切な人は、
さり気なく親切なの。

相手が心地よく受け取れる親切をするの。
過度な親切はたいてい、下心アリ。
疑ってかからずとも、注意してみておきましょう。

095

お礼

相手のために何かをすれば、
その瞬間に
「お礼」をもらってるのよ。

それはアナタへの感謝の気持ち。
見返りを求めなくても、
いずれアナタには大きなものが返ってくる。
人の役に立つことに無駄なんか何一つないのよ。

096

否定

**アナタが誰かに
問題点を改善してほしいとき、
相手を否定するかしら？**

しないわよね。
そんなことしても伝わらないし、
傷つけるのが目的じゃない。
逆に言えば、アナタを否定してくる人は、
アナタのことは考えてないのよ。

097

夢

現実も夢も似たようなものよ。
生まれてから死ぬまでの夢。

だったら良い夢にしましょ。
小さなことなんてどうでもいい。

Tomy's Voice

098

素敵

いつも会える人は素敵。

長く会えなくても
疎遠にならない人はもっと素敵。

099

こだわり

そのこだわり、必要かしら？

こだわっているものが、実はもう不要だったり、自分を追い込んだりすることがあるの。「このこだわり、本当に必要かな？」と、常に自分に問いかけてみるといいわ。スッと肩の力が抜けるかもしれないわよ。

100

続ける

Noと言う力も必要だけど、Noと言い続ける力も必要よ。

たくさん頼まれると悪いと思って、
一つくらいはYesを出しがち。
そうすると相手は
「たくさん頼めば一つくらいは通る」
って学習しちゃうの。
すると、お願い攻撃が止まらなくなるわ。
どれだけ言われても、
やりたくないことはNoでいいのよ。

101

愚痴

**愚痴なんて言い出したら、
いくらでも思いつくのよ。**

最初はストレス発散のつもりが、
だんだん愚痴を言うこと自体がストレスになるの。
でも、やめられない。
お酒と同じで、ほどほどにね。

102

問題

何か引っかかるときって要注意。
意識できてないだけで、
問題が隠れていることがあるの。

そういうときは、あえて「どっちつかず」で
放置しておくことも必要。
すぐに決断することが良いとは限らないわ。

103

傲慢

傲慢（ごうまん）に振る舞えば、敵を作る。
油断して足元をすくわれる。
何もいいことがないわ。

謙虚に振る舞えば、味方が増える。
自分の力を過信せず、人に感謝ができる。
美徳なだけじゃなくて、
何一つ悪いことがない。

104

想像

たいていの人間関係って、
「想像力」で解決するの。

相手の事情を想像する。
相手の立場を想像する。
でも、普段から意識しないと、
意外とできなくなるのよ。

105

噂話

噂話は、一部の人間の娯楽なの。

相手は誰でもいいし、
真実かどうかもどうでもいい。
そして、しばらくしたら皆、忘れる。
だって、どうでもいいことなんだから。
なら、放置しておくのが一番。
噂話するような人と関わっても良いことないわ。

106

幸せ

よほどのことは起きないって
思うけど、
人生通してみると
意外と起きるものなのよね。

そんな経験をすると、
穏やかで退屈な日々こそが幸せなんだとわかる。

マンガでTomy
トラブルって…
何か起きたら
放置できるかどうか
検討してみましょ
トラブル
放っておいていいのか…
世の中には対応しようと
思えばできるけど
ストレスがかかりすぎて
メリットがあまりない
こともあるわ
お前が
口出すな!!
じゃあ
やってみろよ
〜〜!!
〜〜!!
わあぁ
そういうときは
放置でもいいのよ
ま…
いっか
えー
トラブル

Chapter 3

たいていのことはね
気にし過ぎよ

107

ネガティブ

ネガティブな人間だから、
ネガティブな考え方になるとは
限らないの。

疲れていてもネガティブになりやすいの。
むしろ、そっちのほうが多いかもね。
自分をネガティブだと決めつけなくていいのよ。

108

平常心

「それがなきゃ生きていけない」
って思うことがあるかも。

でも、たいていは無いなら無いでなんとかなるの。
人間には新たな環境でも、
平常心を保つ能力があるの。
それをアテクシは「デフォルト力」と今、名づけたわ。

109

調子

調子が良いときって、
調子に乗りすぎて
失敗することがあるのよね。

調子の良さは気分だけで楽しみ、
行動まで調子に乗らないようにね。

110

伸びる

「自分がどこまで
世の中に通じるのか」
という考え方だと、
どこかで頭打ちになるわ。

「自分がどれだけ社会に貢献できるのか」
という考え方のほうが伸びることが多いの。

111
暇

何にでも口出ししてくる
お節介な人っているじゃない？
そういう人はね、暇なのよ。

別にアナタのことを気にしてるんじゃないの。
暇つぶしなの。
中途半端に相手すると、
どんどん入り込んでくるから、
笑顔で一言こう言いなさい。
「あ、大丈夫です」

112

素直

頑固に生きるより、素直に生きるほうがお得なのよ。

周りはたいてい、良かれと思ってアドバイスをくれるわけだから。

113

不安

自分の不安を相手に抱えてもらおうとすると、逆に不安が増えるのよ。

相手が抱えてくれるかどうかが不安になるから。むしろ相手の不安も抱えよう、くらいの気持ちでいたほうがいいわ。人の力になろうとすると不思議と力が湧くから。

114

悩み

悩みというのは、
アナタが真面目に生きている証。

真面目に向き合っているから悩みも出る。
だから、悩みごとは自分の一部として肯定するの。
それはアナタにしかできないことよ。

115

目標

他人の幸せが悔しい人へ。

それは悔しいんじゃなくて、うらやましいのよ。
人が幸せになったからといって、
自分の幸せが奪われるわけじゃないんだもの。
「おめでとう」「うらやましい」と思って、
自分の目標にすればいいのよ。

116

前進

何もかも手に入れている人なんていないわ。

でも、何もかも手に入れたくらい幸せになることはできる。
足るを知る。
足らぬは前進するための目標。
そう思えばいいの。

117

感覚

自分の視点からだけで
物事を見ると、
いっぱいいっぱいに
なっちゃうのよ。

自分で自分を見守る感覚が大事なの。

118

孝行

「大切な人を心配させたくないから」

その気持ちはわかるけど、
大切な人だからこそ
アナタの力になりたいと思うのよ。
手伝わせてあげて。
それも孝行のうちよ。

119

気持ち

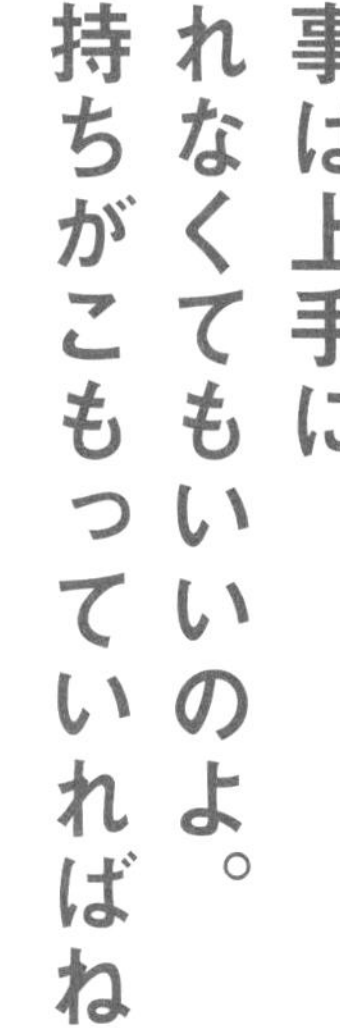

**仕事は上手に
やれなくてもいいのよ。
気持ちがこもっていればね。**

気持ちがこもっていれば、
いずれ技術は
ついてくるから。

郵 便 は が き

料金受取人払郵便

渋谷局承認

6817

差出有効期間
2023年12月
31日まで
※切手を貼らずに
お出しください

150-8790

130

〈受取人〉
東京都渋谷区
神宮前 6-12-17
株式会社ダイヤモンド社
「愛読者係」行

フリガナ		生年月日		
お名前		T S H 年 月 日生	年齢 歳	男・女
ご勤務先 学校名		所属・役職 学部・学年		
ご住所 （自宅・勤務先）	〒 ●電話 （ ） ●FAX （ ） ●eメール・アドレス （ ）			

◆本書をご購入いただきまして、誠にありがとうございます。

本ハガキで取得させていただきますお客様の個人情報は、以下のガイドラインに基づいて、厳重に取り扱います。

1, お客様より収集させていただいた個人情報は、より良い出版物、製品、サービスをつくるために編集の参考にさせていただきます。
2, お客様より収集させていただいた個人情報は、厳重に管理いたします。
3, お客様より収集させていただいた個人情報は、お客様の承諾を得た範囲を超えて使用いたしません。
4, お客様より収集させていただいた個人情報は、お客様の許可なく当社、当社関連会社以外の第三者に開示することはありません。
5, お客様から収集させていただいた情報を統計化した情報（購読者の平均年齢など）を第三者に開示することがあります。
6, お客様から収集させていただいた個人情報は、当社の新商品・サービス等のご案内に利用させていただきます。
7, メールによる情報、雑誌・書籍・サービスのご案内などは、お客様のご要請があればすみやかに中止いたします。

◆ダイヤモンド社より、弊社および関連会社・広告主からのご案内を送付することがあります。不要の場合は右の□に×をしてください。 不要 □

①本書をお買い上げいただいた理由は？
（新聞や雑誌で知って・タイトルにひかれて・著者や内容に興味がある　など）

②本書についての感想、ご意見などをお聞かせください
（よかったところ、悪かったところ・タイトル・著者・カバーデザイン・価格　など）

③本書のなかで一番よかったところ、心に残ったひと言など

④最近読んで、よかった本・雑誌・記事・HPなどを教えてください

⑤「こんな本があったら絶対に買う」というものがありましたら（解決したい悩みや、解消したい問題など）

⑥あなたのご意見・ご感想を、広告などの書籍のPRに使用してもよろしいですか？

1　実名で可　　2　匿名で可　　3　不可

※ご協力ありがとうございました。

120

最小限

やりたくないことは
上手くいかないのよ。

だから、やりたくないことのまま努力するより、
やりたくない部分を最小限にしたほうがいいの。

121

楽しみ

トレーニングや勉強は、自分の望むものを得るためにやるの。

いわば楽しみの一つ。
決して苦しむためにやるわけじゃないし、
苦しんだから上手くいくわけじゃないのよ。

122

忠告

相手に忠告されても、
そのままともに受けては
いけないときがあるの。

それは、利害関係があるとき。
利害関係があると、
相手は作戦として忠告してくることがある。
お気をつけあそばせ。

123

良い面

出来事には、良い面と悪い面があるわ。

起きてしまった以上、
悪い面はどうしようもないから、
良い面を探してごらんなさい。
それが上手くいけば、
「いいことしか起きてない！」
って思えるようになるわ。

124

撤回

一度決めたことを撤回するのは勇気がいるわ。

でも、撤回しないせいで適切な対応ができなくなることがあるの。
優柔不断と思われても、
正しいと思うのなら撤回しなさい。
優柔不断というのは、
自分の決断を実行できないことよ。
決断が変わることじゃない。

125

夢

夢は叶うまでが楽しいのよ。

だったらたくさん夢を持ったほうが楽しいわ。
いくらでも夢を持ちましょう。
優先順位さえつけられれば、迷子にはならないわ。

マンガでTomy
喪失感って…
人は常に何かを得て
やーっ
何かを失っていくの。
ああ…
だから喪失感は何かを得ることで和らげるしかない。
ポッカリ…
今あるものに気づくことでもいいのよ。
私にはまだこれだけのものがある！

Tomy's Voice

126

ほどよく

何もかもやめると楽だけど、
何もできなくなると辛くなるわ。

「ほどよくストレスを減らす」
ということが大切なのよ。

127

退屈

退屈なのは幸せ。

後から振り返ると、
「退屈だー」と思えた時期なんて
ほんの少しだったと思うもの。
退屈なときは、
それを思い切り味わえばいいのよ。
ゴロゴロしたり、ウロウロしたり。

128

できる

やればできるっていうのは、
できないのと同じことよ。

でも、やってできないのは、
そのうちできるようになるかもしれない。

129

使命

「自分はこれをするために生まれてきたんだ」
そう思うことが使命感よ。

使命感は自分の軸になるから、
あったほうが生きやすいわ。
でも、簡単に見つかるとは限らない。
見つかるときは、ピンと来るわ。
それまではやらなきゃいけないこと、
やりたいことをすればいい。
探す過程も人生の良き過程よ。

130

時間

やりたくないことをしている時間だけ、やりたいことをする時間が無くなるの。

その自覚があるだけで、時間の使い方は変わるわ。

131

対等

対等な関係って「やってあげる」「してもらう」どちらでもない関係ね。

気がついたら「やってあげて当たり前」「してもらって当たり前」になるのなら、こまめに話しあったほうがいい。相手のことを思うのなら。

132

情報

人間って「そうらしいよ」という曖昧な情報で動いちゃうものなのよ。

ちょっと調べれば出てくる情報も探さないの。逆にいうと、ちょっと調べて行動する癖をつけるだけで物事が上手く行きやすくなるわ。

133

苦しみ

苦しみがあったら、転じることを考えてみるといいわ。

苦しみを解消しようとすれば、
目標や希望にも変えられる。
苦しいままで抱えなくていいし、
耐えなくてもいい。
あーだ、こーだして生まれ変わらせてみましょ。

134

挑戦

無謀な試みでも、
ときには
チャレンジしていいわよ。

人生は確率論だけじゃないから。
ただね、上手く行くにつれ、
期待値を上げすぎて、
自分を追い詰めてしまうことがあるの。
「ダメ元、ダメ元」って
言い聞かせるのを忘れずにね。

135

マイペース

不安になっている相手と
向き合うときは、
マイペースなほうがいいわ。

これを活用して、
イライラしたら誰かの幸せを願えばいいのよ。
発散させなくても
イライラをとることってできるのよ。

136

反対

自分の性質が
わかっているのなら、
反対の行動をとると
いい展開になるかもしれないわ。

臆病な人はちょっと大胆に。
大胆な人はちょっと臆病に。

137

実験

思考実験のススメ。

何かストレスになることがあったら、
考え方や対応の仕方をいろいろと試してみるの。
たとえば、とことん考える。考えるのをやめる。
違うことをして気をそらす。
そのなかで一番しっくりくるものがあったら、
それを採用するの。
楽にできて、すぐ役立つ実験よ。

138

理想

頭で思い描いた理想と、現実の理想は違うものよ。

頭で思い描いた理想に囚われると、
「いつまでたっても上手くいかない」と
思い込んでしまう。
現実をみて理想を変化させていくことも大切なの。
それは妥協じゃないわ。

Tomy's Voice

139

考える

意識が高い人が
「意識高い系」に変わるのは、
自分の頭で
考えるのをやめたとき。

どんなに素晴らしい人や考えであっても、
無条件に受け入れちゃダメ。

140

有意義

全ての時間を
有意義にするのは難しいわ。

有意義な瞬間の後ろには、
一見無駄に思える時間がたくさんあるの。
でも、そんなものよ。
それでいいのよ。

141

たまたま

悪いことが続くと、
「ずっとこんなことが
続くんじゃないか」
って不安になる人がいるけれど、
そんなことはないわ。

良いことも、普通のことも、
悪いこともあってランダムに起きている。
たまたま同じ目が出ただけ。
サイコロを振り続けていれば抜け出せるわよ。

142

逃げ道

いつも逃げ道を用意しておくと、
その世界の醍醐(だいごみ)味を
味わうところまで到達しないわよ。

いざというときは
逃げられるようにしておけばいい。
でも、目につくところには逃げ道を作らない。

143

過剰

たいていのことはね、
気にし過ぎよ。

144

犠牲

誰かに怒りや
いら立ちが募ったら、
こう考えるといいわ。

「この人に自分の心の穏やかさを
犠牲にする価値がある?」ってね。

145

勉強

嫌な思いをしたら、

「また、いい勉強したなあ」

ってつぶやけばいいの。


マイナスもプラスもアナタが作れるから。

相談

「自分の体調が、周囲の人のちょっとした言動に振り回されてしまいます。たとえば、ちょっと優しい言葉をかけてもらったら機嫌がよくなるのですが、何か冷たいと感じただけで1日動けなくなるという感じです。周りの言動に振り回されず自分の気持ちを保つにはどうしたらいいのでしょう」（40代女性）

周りの人に意識を向ける時間を作らない

アナタは誰にでも振り回されているわけじゃないと思うのよね。信頼している昔からの友人や家族だったら、ある程度勝手がわかっているから振り回されないんじゃない？

それはなぜかというと、友人や家族の機嫌が少し悪くなっても、そう簡単に関係性が破綻するわけではないという信頼関係ができているからなのよね。

相手に振り回されるのは、相手との関係が確固たるものではない場合なの。この点をしっかりと踏まえておくだけでも、心が振り回されなくなるわ。

自分のささいな言動で、「相手を怒らせてしまったらどうしよう」「機嫌が悪くなったらどうしよう」と気にするから振り回されるのよ。でも、ふつうはアナタのささいな言動で関係が破綻したりはしない。

つまり、たいていはアナタの思い過ごしなのよ。相手に振り回されていると思っているかもしれないけれど、本当は自分から振り回されにいっているようなものなの。

こうした場合の対策で一番いいのは、「相手に意識を向けないこと」。言いかえるなら「別のことに意識を向ける」ということ。仕事や勉強に意識を向けて集中するとか、それでなければ安定した関係性の人と交流するとかね。

目の前の人と楽しく交流できそうなときだけ、相手に意識を向けるようにするといいわ。

146

宣言

「察してよ」と思って行動するから
相手と喧嘩になりやすいの。

「今疲れてるから静かにしてね」

「今忙しいからピリピリしてたらごめんね」

そんなときは自分から宣言するといいわ。

自分の状態をちょっと説明しておくだけで、
だいぶ違うのよ。

147

攻撃

いくら良い人でも、
他人に攻撃的な人は要注意よ。

今の関係性の中で、
たまたまアナタにとっては
良い人というだけだから。

148

幸せ

普通に1日が終わるって、
なんて幸せな
ことなのかしらねえ。

149

能動

◯◯してくれるかな、
△△してほしいな、
受け身で生きていくのは辛いのよ。
相手の反応次第で
不安になってしまうから。

◯◯したい、
△△しよう、
能動的に動きましょ。
世界を探検するのは、アナタよ。

150

忘れる

忘れる技術って
とっても大切だから
練習するといいわ。

違うものに意識を向ける。
忘れるより、別のことに集中するほうが楽なのよ。
嫌なことを思い出しそうになったら、
ひたすらこれを繰り返してみて。
気がつけば、だんだん忘れてくるわ。

151

距離

無理して人に寄り添わなくていいのよ。

寄り添うと相手は寄りかかる。
寄りかかられると一緒に倒れてしまうかも。
つかず離れずの距離で、
お互い自分が立てるようにするのが一番優しい。

152

好奇

**ちょっとぐらい
好奇の目で見られたって、
ヒソヒソされたっていいのよ。**

それを恥ずかしがってやりたいように
やれないほうが、もったいないわ。
世間なんて、アナタの人生の責任を
とってくれるわけでもないのよ。

153

本気

世の中、上には上がいるわ。

でもね、才能が秀でている人が
成功するわけじゃない。
そのことが大好きで諦めない人が成功するの。
人の心を動かすのは、才能より本気。

154

考え

考えが違う人って、
考えが違うだけよ。

悪人でも敵でもないの。

155

卑屈

悪口言ってる人の顔をごらんなさい。

陰湿で卑屈な顔してるでしょ。
気にする価値もないわよ。

156

前例

アナタの人生には
前例がないのよ。

不安になろうと思えばいくらでもなれる。
やりたいことはやったらいいんじゃない?

157

人生

人生真面目に向き合うのもほどほどにね。

「せっかくだから生きる」くらいの気持ちでいい。
寄り道して、どんぐり拾って、
写真撮りながら歩く。
誰もタイムは競ってないんだからね。

158

波

何事にも波があるのよ。

調子が良くてもやり過ぎず、
上手く行かなくても考え過ぎず。

159

思いやり

思いやりはね、
思いやりたい
相手に対してだけでいいのよ。

誰彼構わず思いやらなくていいの。

160

やる気

やる気なんてなくて当たり前。

面倒くさいけど、なんとかやれる程度で上出来よ。
あー、どっこいしょ。

161

依存

一人が嫌だから
他人に依存すると辛いわよ。

一人を楽しめるようになって、
はじめて他人といる時間を楽しめるの。

162

存在

無視してくる人って、

「ワタシのことを忘れてね♥」

って言ってるようなものよ。


だから全く考えなくていい存在なの。

163

図星

人は図星だと怒るのよ。

でも、「ああ、図星なんだな」って、
勝ち誇っても仕方がないわ。
図星だからこそ、他人に踏み込まれたくない。
自分で向き合えるときに向き合いたい。
そんな相手の気持ちも考えなきゃ。

164

そのまま

あなたを嫌っている人は
そのままに。

嫌っている人をなんとかしようと思っても無理。
疲れるし、徒労に終わるし、
他の人間関係もぎくしゃくする。
そのエネルギーは、
理想の自分になることに使ったほうがいいわ。
好意は後からついてくる。

165

調子

調子の悪いときは、
どうせろくな考え方ができない。

考えることを仕舞(しま)いましょ。

マンガでTomy
悔しさって…
あ〜〜っっオレは何をしていたんだーっ
人生を3年もムダにしたーーっ!!
くっ…悔しいっなんで今まで気づかなかったんだ!!
大切な時間をドブに捨ててたーっ
大丈夫!
今、悔しいと思えているのは、ちゃんとそこから何かを学べたって証拠でしょ?
ハッ
たしかに!!

Chapter 4

厳しい言葉より優しい言葉

166

素敵

生きる目標って、つまるところ
今日1日をいかに素敵に
過ごすかってこと
なんじゃないかしらね。

167

ダメ

ほとんどの人は、根はいい人よ。

でも、それで納得させちゃダメなの。
根はいい人でもダメなことはダメ。

168

言葉

厳しい言葉より優しい言葉。

厳しさなんて口にしなくても
どうせ体験するんだから。

169

会社

会社ってね、アナタのことを思って引き止めているわけじゃないの。

会社のためなのよ。
冷静に考えてから決めましょ。

Tomy's Voice

170

行動

信頼は言葉ではなく行動から。

愛も同じよ。

171

気持ち

人って困難な状況になると、
自分の気持ちを加工して
対応することがあるのよ。

怒っているのに
気にしていないと思い込もうとしたり、
悲しいのにスッキリしたと思い込もうとしたりね。
そうするとかえって長引くから、
自分の気持ちをきちんと吐き出したうえで、
対策を考えるといいわ。

172

離れる

信じられないようなことする人もいるわ。

そういう人ってたいてい、自分でも何やっているのかわかってないのよ。憤るより離れましょ。

173

丁寧

丁寧に生きるって、
丁寧に生きよう
と意識するだけでいいのよね。

感覚を駆使して、世の中を味わうことよ。

174

自己肯定

自己肯定なんかしなくていいわよ。

自分のやりたいことをやりなさい。
好奇心を大切にしなさい。
そうすれば、自分を肯定しなきゃなんてこと忘れちゃうから。

175

伝える

嫌われたくないだけで動くと、
長期的には
上手くいかなくなるのよ。

続かせたい人間関係こそ、
納得できないことは相手に伝えましょ。

176

1日

なんか上手くいかない1日もあるわ。

それでも明日が来れば、今日は終わりよ。

177

納得

自分の人生なんだから、
「普通」とか「みんな」に
従わなくていいわよ。

一番大切なのは自分が納得した選択肢を選ぶこと。
それさえできていれば、
何があっても受け入れられる。

178

発言

相手の発言って、その言葉よりも
「相手がなぜそう言ったのか」
を考えたほうが上手くいくわ。

179

報酬

**相手に依存しちゃうのは、
相手の存在で
脳への報酬が
満たされるからなのよ。**

依存しないためには、
報酬元をいくつか用意するといいわ。
恋人、親友、サークル仲間、家族、趣味、
自分の心を満たしてくれるものを
たくさん用意しておく。
お互いのためにも散らすのがいいわ。

180

のんびり

目の前の人に
振り回されない方法はね、
この人と1年後も
つながってたらラッキー！
くらいの気持ちで
のんびりいくこと。

一喜一憂してたら疲れちゃうから。

181

温存

体力温存のコツ。

「あっ、ついでにこれもやろう」を
グググっと我慢するのよ。
今日やるべきことをやったら、
もうついではございません！

182

優しさ

アナタの優しさを
わかってくれない人もいるけど、
どこかで見ている人もいるわ。

だから、優しいままでいいのよ。

183

やらかす

人はやらかすものよ。

一生懸命生きてるんだから、
一定の確率でやらかすこともある。

184

幸せ

幸せになるためにできること。

まずニッコリ笑いましょうか！

マンガで
Tomy
希望って…
希望を持っても持たなくても
希望…？
なにそれ？
人生に必要ある？
人生は一度きり
いやまてよ？
どうせ一度の人生なら持ってたほうがお得じゃね？
ハッ
希望はランタンみたいなものね。熱くない程度に持てば明るくなる。
でも熱すぎるとやけどしちゃうわよ

185

幸せ

今が幸せだと思えれば、
過去はどうでも良くなるわ。

つまり、いつでも幸せな人生になれる可能性は
あるってことよ。
さらに過去のことも
「あんな時期があった私は幸せ者ね」
なんて思えればほぼ完璧♥

186

学び

勉強って大切なお友達よ。

裏切らず、やった分は身につくんだもの。
学び続けていれば、
人生を味方につけることができるわ。
別に机に向かい続ける必要はないの。
何かを学ぼうという姿勢があればいいの。

187

イライラ

イライラの極意。

イライラしたらそっと離れる。
離れられないときは目を閉じる。

188

もうけもん

絶望しても、こう思いましょ。

コレから先は、あるだけもうけもんの人生。
ゼロからのスタートでもいいのよ。
もうけもん、もうけもん。

189

手抜き

一番大切な仕事って、

「手抜きどころを見つけること」

なのよね。

とっても大変そうなことを
ずっと続けられる人は、
必ずこれができてるの。

190

前進

願いが叶わなかったとしても、
前に進んでいるのよ。

それが転機になることもあるから。
人生はずっと続くから、
一喜一憂しすぎなくていいの。

191

素敵

日常って、たいてい
いきなり変わるのよ。

だからこそ、今の日常を
かみしめるように生きましょ。
何もなさそうな1日にも、
素敵なことはたくさん隠れているわ。

192

回想

良いことだけ思い出せばいい。

悪いことを思い出すのは、
同じ失敗をしたくないときだけでいいわ。

193

一緒

一緒にいるべき人って、
一緒にいるときのほうが、
一緒にいないときより
ストレスが減る人よ。

194

一空

空ってすっごく綺麗よ。

表情もいつも違うし、見ていて飽きない。
でも意識しないと、わざわざ見上げないでしょ？
幸せもそういうものよ。

195

実行

どうせやらなきゃいけない予定は、早めにやったほうがいいわよ。

後回しにすると心配事や不安が増えるもの。

196

人生

人生に無駄なことはないのよ。

だからこそ、やりたいことを
我慢した人生より、
やりたいことをやってみた
人生のほうがいいと思うの。

197

性分

自分の性格を
なんとかしたいって
思いすぎるのも疲れるわよ。

いろんな経緯があって
今の自分があるんだからね。
性分ってやつよ。

198

反省

後悔をしない方法はあるわよ。

後悔は反省に置き換える。
ただ悔やむのが後悔、未来につなげるのが反省よ。
体張って勉強してるだけなのよ。

199

モヤモヤ

モヤモヤするときには、
たいてい理由があるわ。

このままだといけないっていうアラートなの。
考え方や行動を変えたりすると、
ある瞬間カギが開いたように
モヤモヤが消える瞬間がある。
そこまで動いておけば、たいていなんとかなるわ。

200

無理

どうするか悩んだときは、
無理ならやめなさい。

無理じゃないなら追いかけなさい。
それで大体いいわ。
上手くいかないときは、無理なのに追いかけてる。
無理じゃないのにやめている。

201

わがまま

知ってる？
自分で決めていいことを
自分の意見で決めるのは、
「わがまま」とは言わないのよ。

でも、それを「わがままだ」と言ってくる人もいるの。

202

疑問

疑問に思ったことは、
すぐ訊(き)く癖を
つけたほうがいいわ。

相手を不愉快にさせるかもと思っても、
我慢しちゃダメよ。
疑問も訊けない関係だと、
どのみち破綻しちゃうから。

相談

「今までは夢や目標を持って前向きに生きてきました。でも、コロナのこともあって、『どうせできるかどうかわからないしな』『こんな世の中じゃ何考えても仕方ない』と虚しさを覚えます。正直、どうやったら元気が出るのかわかりません」（40代男性）

先のことなんて、最初から見えていないのよ

たしかに近年は、大きな地震やパンデミックなど、誰も想像していなかった出来事が起きているわね。目の前の現実が不条理に思えてやる気がでないのはわかるけど、もともと先のことなんて最初から見えていないのよ。

アテクシにも、思いもよらないことが、いくつも起きたわ。7年半に渡って交際していたパートナーのジョセフィーヌが、この世を去ったこともそう。

「ずっとこの人と生きていくんだろうな」と思っていたから、それは落ち込んだわ。でも、よく考えてみたら、良いことも悪いことも含めて、思いもよらないことは、その前からアテクシの目の前に起きていたし、これからもきっとそうなのよね。

幼い頃は、自分がゲイとして生きていくとは思ってもいなかったし、精神科医になるとも思っていなかったし、ジョセフィーヌに会うとも思っていなかったもの。

つまり先のことなんて、見通そうとしたって見通せないし、見通せているつもりの人でも、何も見えていないのよ。いろいろと分析したりして、あまり先のことばかり考えるんじゃないの。

「なるようになるさ」とドンとかまえましょ。そういう意志が大切なんだし、結局はそれが人間の本質なのよ。

203

アドバイス

人に声をかけるときは、「あんなときの自分にほしかった言葉」をかけてあげるといいわ。

「あんなときの自分」がたくさんあればいいアドバイスができるの。

204

好意

好意はタダじゃないの。

相手からの感謝や気持ちが返ってこなければ、
好意なんて無くなっていくものよ。
小さなことも当たり前ではなく、ありがたい。
忘れなければそれでいい。

205

不安

不安になっても
我慢しなくていいし、
相手にぶつけなくてもいいわ。
ただ相手に「今、不安なの」って伝えればいいの。

206

コミュ

コミュニケーション下手でも、アナタの生きる姿勢がコミュニケーションをとってくれてるのよ。

知らないうちにね。
誠実に取り組む姿は仲間を呼んでくれるの。

207

器

嫌な人にも「事情」があるのよ。

最初はみんな赤ちゃんで、
赤ちゃんからそんな人だったわけじゃない。
もちろん事情があるからといって
受け入れる必要はないわ。
ただ人ってちょっとしたことで、
とんでもない人になり得るの。
それがわかっているだけで、
ちょっと自分の器(うつわ)が大きくなるわ。

208

距離

いい関係が築ける距離ってね、
相手の欠点が
ちゃんと見えている距離よ。

誰でも欠点があるし、
話し合っても受け入れてもいいけれど、
見えなくなっちゃダメよ。

209

誠実

自分の中に誠実さがあれば、間違った選択なんかないのよ。

誰かを陥(おとし)れようとするのでなければ、それでいいい。

Tomy's Voice

210

孤立

自分の信念があるのなら、
その場で孤立しても
動じなくていいわよ。

アナタの背中、誰かが見てるから。

211

気遣い

本当にみんなのことを思う人、
良く思われたいだけの人、
一見よく似た行動をするから
気をつけましょうね。

違いは、誰も見ていないところでも
気遣えるかどうかかね。

212

感謝

義務があるからって、「それをして当たり前」じゃないのよね。

親が子をみるのも、親の介護をするのも、
店員さんがサービスするのも、
義務があるから当たり前じゃないの。
どれもこれも、ありがたいこと。

213

気持ち

人は約束や理屈で動くんじゃないの。気持ちで動くの。

だから相手の気持ちがついてきているかどうか、ちゃんと見ておかないとね。

214

悪口

悪口ばかり言う人って、
自分は悪くないと思ってるのよ。

最初は正当な批評をしていたつもりが、
気がついたら悪口だらけになる。
相手への不満は相手のために伝える。
それが通用しない人なら関わらない。
相手にも伝えず、相手の評価を下げる言動は、
自分のためにもならないの。

215

価値観

価値観は、
ずれたままでいいのよ。

ただ、「ずれたままでも、いいよね」
という点だけ一致させておけばいいわ。

216

記憶

人は思い出を抱いて生きるのよ。

だから過去の記憶に浸っていてもいいの。今も大切に。過去も大切に。

217

流動

人は液体のようなものでね、
絶えず変わって
流動していくものよ。

目の前に同じ人間がいたとしても、
記憶の中のその人とは違ってしまっているの。
だから、あまり過去に囚われないようにね。

218

やる

やりたいことがあるのなら、
1人でもサラッと
やっちゃいましょうよ。

「1人でやるのも何だしな〜」って思うことで、
選択肢が減るのはもったいないわ。

219

奇跡

奇跡って、ときどき起きるのよ。

もう二度と起きないなんてことはない。
でも、気づかなきゃ起きないのと同じこと。

220

恩

恩を感じているのに、
諸事情あって
返せないときってあるでしょ。

こんなときは「いつか返したい」
って思い続けていればいいわ。
アナタに事情があるんだろうなってことは、
相手も薄々気づいてるものだから。
最大の恩返しってアナタの優しさなのよ。

221

勇気

ちょっとの勇気を出せる人って意外と少ないのよ。

だから、アナタが少しでも勇気を見せると、思った以上の結果が得られるかもしれないわ。

マンガでTomy
自分の性格って…
すべてを性格のせいにして、あきらめていた。
三つ子の魂…
久しぶりー
あれ？このコこんなに明るかったっけ…
でさーめちゃくちゃおもしろくてー
人は変われるのよ
玉ねぎの皮をはぐように少しずつだけどね…
私も変わっていきたいっっ

おわりに

元気って、じつは現金なものです。

ついさっきまで落ち込んでいたのに、友達とちょっと話したら元気になったり、美味しいもの食べたら元気になったり、大声で歌ったら元気になったり、お昼寝したら元気になったりするものですよね？

本当に些細なことで、元気は湧いてくるもの。アテクシ自身、そのことを日々実感しています。

ところが、元気が出る方法は、人それぞれに違うし、そのときどきでも違います。元気を出すきっかけが見つからない人もいます。

本当に元気がないときは、あれこれ試してみようとする元気すら出ないこともあるでしょう。

そんなときこそ、この本を手にとってみてください。

リビングや職場にこの本を置いておいて、心がモヤモヤしたときでもいいし、朝ごはんを食べながら1日の始まりに1ページだけめくってみるのもいいです。夜寝る前に1日を振り返りながら読んでみるのもいいです。

この本は、誰が、どんなときに読んでも、元気が湧き出てくるように作ってあります。お守りがわりに手元に置くだけでも、きっと安心できると思います。このカラフルなかわいい本が、心の支えになってくれるはずです。

読者の皆さんが、「この本があるから、いつでも元気が湧き出るようになった」と思っていただけたら、アテクシ、精神科医としても物書きとしても、この上なく嬉しいです。

最後になりますが、この本を世に出すきっかけを与えてくださったダイヤモンド社の斎藤順様、この本をお手にとっていただいた読者の皆様に心よりお礼申し上げたいと思います。

2021年7月

精神科医Tomy

[著者]
精神科医 Tomy（せいしんかい・とみー）
1978年生まれ。某名門中高一貫校を卒業し、某国立大学医学部卒業後、医師免許取得。研修医修了後、精神科医局に入局。精神保健指定医、日本精神神経学会専門医。精神科病院勤務を経て、現在はクリニックに常勤医として勤務。2019年6月から本格的に投稿を開始したTwitter『ゲイの精神科医Tomyのつ・ぶ・や・き♥』が話題を呼び、半年も経たないうちに10万フォロワー突破。2022年4月時点で29.5万フォロワーと人気がさらに急上昇中。覆面で雑誌、テレビ・ラジオ番組にも出演。舌鋒鋭いオネエキャラで斬り捨てる人は斬り、悩める子羊は救うべく活動を続けている。『精神科医Tomyが教える 1秒で不安が吹き飛ぶ言葉』（ダイヤモンド社）からはじまった「1秒シリーズ」4作は、いずれもベストセラーに！ 自身初の小説『精神科医Tomyが教える 心の荷物の手放し方』（ダイヤモンド社）も大反響を呼ぶ。

精神科医Tomyが教える
1秒で元気が湧き出る言葉

2021年8月3日 第1刷発行
2022年5月13日 第6刷発行

著 者——精神科医 Tomy
発行所——ダイヤモンド社
〒150-8409 東京都渋谷区神宮前6-12-17
https://www.diamond.co.jp/
電話／03-5778-7233（編集） 03-5778-7240（販売）
デザイン——金井久幸、高橋美緒（TwoThree）
DTP——TwoThree
イラスト——カツヤマケイコ
校正——鷗来堂
製作進行——ダイヤモンド・グラフィック社
印刷・製本—三松堂
編集担当——斎藤順

ISBN 978-4-478-11376-9